Herstellung und Verlag:
BoD – Books on Demand, Norderstedt
ISBN: 978-3-7504-6211-3

Schule auf dem Irrweg
Bilanz eines Gesamtschullehrers

von Klaus Dreymann

Inhaltsverzeichnis

4

Vorwort:

Wenn ich die Symptome richtig deute: Zunahme von Aggressivität und Gewalt, rechtsextremistische Gesinnung, Terrorismus und Amokläufe, Anstieg des Drogenkonsums und geringer werdende Qualifikationen von Schulabgänger /innen, sehe ich die Ursachen dafür mit Sicherheit in einer nicht mehr funktionierenden Erziehung in vielen Familien. Dieses Problem lässt für mich nur eine Lösung zu – die Schule muss die Erziehungsaufgabe professionell übernehmen.

Die Kinder verbringen an einer Ganztagsschule zehn Stunden täglich. Zieht man acht Stunden für Schlaf ab, bleiben noch sechs Stunden für Körperpflege, Nahrungsaufnahme und Freizeitgestaltung. Die größte zusammenhängende Zeit verbringen die Kinder also in der Schule.

Lehrkräfte werden aber nach wie vor überwiegend für die Wissensvermittlung ausgebildet. Dass dieses Studium ein erziehungswissenschaftliches genannt wird, ist gelinde gesagt ein Witz! Bis zum ersten Jahrzehnt der Jahrtausendwende hat Schule noch in etwa funktioniert, weil die Erziehung im Elternhaus als Basis der Entwicklung der Kinder und Jugendlichen noch der gesellschaftlichen Entwicklung folgen konnte. Das ist inzwischen offensichtlich in vielen Fällen nicht mehr der Fall.

Andere Voraussetzungen durch weniger gut oder gar nicht erzogene Kinder und Jugendliche führen aber zu einem anderen Anspruch an Bezugspersonen an den Schulen, die professionell mit diesen zunehmenden Defiziten umgehen können und durch ihre Ausbildung die Familienerziehung ergänzen oder im Extremfall völlig ersetzen können. Die nach wie vor herrschende Vorstellung, einzelne Problemschüler/innen könnten durch Spezialisten, gesondert vom Rest der jeweiligen Lerngruppe, erzieherisch behandelt und danach wieder integriert werden, entspricht inzwischen nicht mehr den aktuellen Erfordernissen. Die Anzahl gesellschaftlich nur noch schwer integrierbarer Schüler/innen nimmt ständig zu und das Ziel, sie zu reintegrieren funktioniert besser mittels gruppendynamischer Prozesse innerhalb in einer festen Lerngruppe über den Zeitraum mehrerer Jahre.

Ich war von 1974 bis 2011 Lehrer an einer achtzügigen Gesamtschule bis zum Abitur im Bezirk Spandau in Berlin, mit rund 1300 Schüler/innen und 100 Lehrkräften. Zusätzlich war ich mehrere Jahre Fachseminarleiter in der Lehrerausbildung, außerdem von Anfang an gewählter Vertrauenslehrer der Schüler/innen.

Der Schwerpunkt meiner Fachseminartätigkeit lag in der Suchtprophylaxe, weil es in Berlin ein zunehmendes Drogenproblem gab, und alle Lehrkräfte mit erlernten suchtprophylaktischen Fähigkeiten sollten an ihren Schulen entsprechend mit ihren Klassen umgehen, um Drogenkonsum vorzubeugen.

Schon damals ergaben einschlägige Studien zum Thema Sucht einen zentralen Begriff in der Suchtprophylaxe – das Selbstwertgefühl. Kurz gefasst: Ein Mensch mit hohem Selbstwertgefühl hat viel weniger Bedarf, ein Rauschmittel zu konsumieren als jemand mit geringem Selbstwertgefühl.

Das Training der Lehramtsanwärter/innen, die bei mir und den anderen fünf Seminaren teilnahmen, erstreckte sich über zwei Tage. Es war Pflicht und musste beim späteren Examen anhand eines Scheins nachgewiesen werden.

Wir Fachseminarleiter/innen hatten dazu eine Spezialausbildung absolviert und trafen uns zwischendurch immer wieder regelmäßig, um unsere Erfahrungen mit den Seminaren auszutauschen.

Und schon dabei urteilten wir unter uns, dass die Lehramtsanwärter/innen in drei Gruppen eingeteilt werden mussten: Ein Drittel waren gute Lehrkräfte mit erzieherischem Talent, ein Drittel könnte es sein, wenn man sie in dieser Richtung ausbilden würde, und ein Drittel gehörte auf keinen Fall an die Schulen! Alle waren sie nur über ihr Fach und die jeweilige Fachdidaktik an den Universitäten ausgebildet worden. Keine Spur von Erziehungswissenschaftlichem Studium.

Die Anwärter/innen, die aber eine erzieherische Qualifikation und eine dazugehörige, charismatische Persönlichkeit mitbrachten, hatten das offensichtlich in ihrer persönlichen Sozialisation erworben. Sie hatten auch selbst ein starkes Selbstwertgefühl und wussten sofort, worauf es bei der Stärkung des Selbstwertgefühls ihrer Schüler/innen ankam. Wir mussten sie eigentlich nur mit bestimmten Trainingseinheiten versorgen und diese mit ihnen im Seminar auch einmal anwenden.

Die anderen – speziell die letzte der drei Gruppen – wollten nur mit ihrer „linken Gehirnhälfte" an das Thema Suchtprophylaxe heran. Sie wollten wissen, woran man Drogenkonsum bei Jugendlichen erkennt und was man dann macht. Sie waren auch der Überzeugung, dass Aufklärung und Abschreckung die richtigen Methoden seien, um Jugendliche vom Konsum abzuhalten.

9

Schon als Schüler sah ich in unserem Biologie-buch eine Seite mit Farbfotos eines Raucherbeins. Das sollte uns wohl alle abschrecken. Mit 14 oder 15 fingen wir aber alle an zu rauchen!

Das ist im übrigen nach wie vor die untaugliche, aber von verantwortlichen Regierungskreisen be-vorzugte Methode, mit zunehmendem Rausch-mittelkonsum umzugehen.
Interview mit dem Vorsitzenden der Kultusminis-terkonferenz am 02.07.2019 in einem TV-Sender:
„Es geht auch heutzutage immer noch um Sucht-prävention, und damit ist Aufklärung und Umgang mit Drogenkonsumenten gemeint. Eine Arbeit, die von außerschulischen Spezialisten gemacht wer-den soll. Lehrkräfte sollen diese Arbeit nicht noch zusätzlich machen."

Mal ein konstruiertes Beispiel, um die Untauglich-keit dieser Methode zu veranschaulichen:
Als Jugendlicher in der Pubertät habe ich vielleicht noch ein geringes Selbstwertgefühl – nicht mehr Kind, noch nicht Erwachsener, eine sehr labile Schwebesituation. Als Pubertierender interessiert mich aber neuerdings das "andere Geschlecht". Mit geringem Selbstwertgefühl traue ich mich aber nicht, in einem Club ein Mädchen anzusprechen, das mir gefällt. Stattdessen gehe ich in ihre Nähe und frage "Hast du mal Feuer?"
Die Zigarette ist hierbei eben eine hilfreiche "Krü-cke" für ein bestimmtes "Gebrechen". Wenn ande-

rerseits im Unterricht oder sonstwo die Gefährlichkeit des Rauchens beschrieben oder als Abschreckungsfoto gezeigt wird, kommt das gegen das Pubertätsverlangen nicht an. Es sind zwei verschiedene Ebenen. Die Verstandesebene wird in unserem Beispiel im Club ausgeschaltet.

Heutzutage muss man aber davon ausgehen, dass ein geringes Selbstwertgefühl eben nicht nur zu Drogenkonsum führt, sondern ebenso oder auch alternativ zu den oben genannten Defiziten.

Amokläufer, Menschen mit rechtsextremistischem Weltbild, IS-Sympathiesanten, Gewalttäter u.ä. sind in der Regel Menschen mit geringem Selbstwertgefühl, ohne ausgeprägte Empathiefähigkeit und oft Einzelgänger. *„Wer sich immer weiter isoliert und Sozialkontakte vermeidet, lässt sich leichter von niedrigen Instinkten leiten."*
(→ Jörg Schindler, Der Spiegel 12, 2019, S. 13 ff.)

Fest steht inzwischen, dass früh erfahrene Ablehnung, keine Anerkennung und Sicherheit, zu einem geringen Selbstwertgefühl führen können. Viele dieser Menschen entwickeln ein negatives Menschenbild und reagieren auf jene, die anders sind als sie, mit Abwertung, Ablehnung oder Hass.

Die innere Stärke und Unabhängigkeit von gut erzogenen Kindern hingegen, macht sie auch relativ unabhängig von autoritären Strukturen.

Wie kann und muss die Wissensvermittlungsinstitution Schule nun darauf reagieren?

1. Bilanz

Die bisherigen Lehrkräfte sind oft nicht geeignet.

Ich unterstelle ihnen zwar hehre Ziele und löbliche Absichten, allerdings reichen Absichten nicht per se aus, wenn man das Instrumentarium zu seiner erfolgreichen Anwendung nicht mitbringt.

Die erforderliche Didaktik zur Vermittlung von Wissen an Lernende wird an den Universitäten gut gelehrt. Aber die Umsetzung unter heutigen „Frontbedingungen", wenn also die nötige Lernbereitschaft wegen diverser, erziehungsbedingter Defizite nicht vorhanden ist, stellt viele Lehrkräfte vor unerwartete Probleme.

Der Praxisschock beim ersten Versuch, vor einer Klasse zu unterrichten, ist heutzutage größer denn je.

Ich möchte auch nicht behaupten, dass alle Schüler/innen diese zunehmenden Defizite in ihrer Erziehung erfahren haben, aber es reicht heutzutage schon, wenn wenige innerhalb einer noch nicht ausbalancierten Gruppe diese Schwerpunkte setzen und die Atmosphäre dominieren.

Hat man als Lehrkraft kein pädagogisches Spezialtraining absolviert, wird man in erzieherischen Konfliktfällen eher im Affekt reagieren und die Methoden anwenden, die man selber als Kind oder Schüler/in erfahren hat. Diese Methoden funktionieren aber heute vielleicht nicht mehr

Das Methoden-Spektrum beim Unterrichten vor schwierigen Lerngruppen, das ich in der Lehrerschaft erlebt habe, ging von (meistens verbaler) Gewalttätigkeit und Unterdrückung, über Desinteresse an den Persönlichkeiten innerhalb der Lerngruppe (*„Ich ziehe hier meinen Stoff durch, und wer da nicht aufpasst, ist selbst schuld!"*), zu erfolgreichem oder erfolglosem Engagement bis hin zum späteren Burnout.

Nur die relativ kleine Gruppe mit dem erfolgreichen Engagement ist die einzige, die an die Schule gehört. Allen anderen Lehrkräften werfe ich keine unlautere Absicht oder irgendeine Form von Schuld vor – die bisher erforderliche Qualifikation für Lehramtsanwärter/innen bestand eben aus bestandenem Abitur und dem Wissen, wie man Wissen vermittelt.

2. Folgerung

„Numerus clausus" für das Lehramtsstudium

Es darf nicht jede/r in diesen Beruf!

Die Selbsteinschätzung *„Das ist (nicht) der richtige Beruf für mich!"* konnte bisher bei Lehrkräften immer erst nach Jahren des Studiums bis hin zu ersten Erfahrungen vor verschiedenen Lerngruppen, ohne schulische Autoritätspersonen im Hintergrund sitzend, gemacht werden. Wer so lange seinen Beruf vorbereitet und während dieser Zeit parallel auch andere Ziele (z.B. Familie gründen, Wohnung kaufen etc.) verfolgt, wird im Falle der negativen Perspektive seiner Schulkarriere kaum imstande sein, *das Handtuch zu werfen*.

Im Verlauf meiner fast vierzigjährigen Lehrerzeit habe ich das bei nur einem einzigen Kollegen erlebt!

Wenn sich jemand für den Beruf Lehrkraft entscheidet, sollte er/sie zu allererst untersuchen lassen, ob er/sie sich für diesen Beruf eignet, z.b. durch ein zwei/drei Tage dauerndes Seminar (s. oben).

Die Befähigungen des Seminars betreffen Erziehung, gruppendynamische Prozesse, Empathietraining, Selbstwertgefühl etc.

Der dort erworbene Teilnahmeschein sollte verbindlich sein für die Aufnahme in das oder die Ablehnung vom Pädagogikstudium.

Ich bezweifle außerdem, dass ein Abitur notwendig für die Zulassung als Lehrkraft ist. Bei Seiteneinsteigern wird das ja auch nicht vorausgesetzt.

Das Fachstudium der bisherigen Art sollte ergänzt werden durch pädagogisches Training wie in den Seminaren zum Numerus clausus (siehe oben), ein Studium in Richtung Erziehung und Didaktik. Die finnische LehrerInnenausbildung ist in dieser Richtung schon seit Jahrzehnten Meilen voraus.

3. Begründung

Jede/r kennt das noch aus der eigenen Schulzeit: Es gab da immer mindestens eine Lehrerin oder einen Lehrer, den man „liebte". Das lag am Charisma dieser Lehrkraft, am Vertrauen, das sie vermittelte, an der Anerkennung die man erfuhr. Man fühlte sich angenommen, geborgen, anerkannt und gelobt.

Ich hatte eine Grundschullehrerin, die mich wegen meiner Aussprache des Englischen im Unterricht wiederholt deutlich lobte – vor der Klasse. Meine Interessen damals erstreckten sich nun nicht so sehr auf das Englische, aber diese Lehrerin war dafür verantwortlich, dass ich später beim Lehramtsstudium Englisch als eins meiner beiden Fächer wählte. Ich wünsche mir heute noch, sie einmal wiederzutreffen, um ihr zu erzählen, wie gut und wichtig sie damals für mich und andere gewesen ist, aber alle Versuche, ihren Namen herauszufinden, waren bisher leider nicht erfolgreich.

Mein späterer stellvertretender Schulleiter hat mir z.B. auch bestätigt, dass er aus selbigen Gründen damals Physik als Fach gewählt hatte.

Insgesamt erinnere ich mich an vielleicht eine Handvoll Lehrkräfte aus meiner Schulzeit, denen ich freiwillig *aus der Hand gefressen* hätte.

Es gab aber auch die andere Seite!

Unsere Französischlehrerin am Gymnasium predigte uns immer, wie elegant doch die französische Sprache sei, aber sie selbst war völlig unelegant, wurde sogar handgreiflich, und sie war extrem streng. Jeder hatte Angst, im Unterricht rangenommen zu werden und unsere Zensuren waren auch dementsprechend. Wir haben unter ihrer Gewalt nur für die nächste Klassenarbeit gelernt und danach wieder alles vergessen. Es hat Jahre gedauert, bis ich mal ohne innere Ablehnung Urlaub in Frankreich gemacht habe!

Ich will hier nicht alle Beispiele in dieser Richtung aufzählen, aber Unterdrückung in verschiedener Form bis hin zu körperlicher Gewalt und Bloßstellung vor versammelter Klasse kamen nicht selten vor. Dahinter stand wohl die Vorstellung, nur bei absoluter Ruhe im Unterrichtsraum könne das Wissen der Lehrkraft an alle im Raum weitergegeben werden - und wahrscheinlich jedes (entwicklungsbedingte) Verhalten, wie das der Pubertierenden, als Störung, Provokation oder Frechheit empfunden werden – was ja in etwa auch der tiefere Sinn dieses Verhaltens ist. Wenn Pubertierende sich so verhalten, verhalten sie sich pubertätsgemäß richtig. Alle, die sich während dieser Entwicklungsphase nicht so verhalten, geben mehr Grund zur Besorgnis!

Aber: Das einzige Bedürfnis von Lehrkräften, koste es, was es wolle, für Ruhe zu sorgen, ist eine sehr kontraproduktive Erziehungsmaßnahme, und der Lehr-/Lernerfolg durch diese Art Unterricht ist eher fragwürdig. Ich habe mal direkt nach dem Unterricht eines dieser Unterdrücker einen Zweistundenblock lang dessen Lerngruppe unterrichtet und ich muss sagen – alles von ihm Unterdrückte machte sich dann in meinem Unterricht leider erstmal Luft.

Und das lag nicht an der Lerngruppe, sondern an dem Lehrer, bei dem sie vorher gewesen sind. Zu anderen Zeiten erlebte ich diese Klasse nämlich ganz normal.

Positive und negative Beispiele zum Thema Unterricht gibt es viele (ich komme noch später auf sinnvolle, erzieherische Unterrichtsabläufe zurück), das Vorkommen dieser unterschiedlichen Lehrkrafttypen hängt aber leider immer noch vom Zufall ab.

Ich weiß nicht, welche Hintergründe bei der Entscheidung für den Beruf Lehrkraft ausschlaggebende sind. Eigene Erfahrungen haben zumindest alle als Schulkind gemacht und die spielen vermutlich auch eine Rolle bei dieser Berufswahl.

Ich zumindest wollte nicht Lehrer werden, wurde dann aber von einer guten Freundin dazu überredet.

Nun musste ich mich mit der Thematik befassen und hatte als erste Idee für meinen zukünftigen Beruf meine selbst erfahrenen Lehrer vor Augen, und wollte beweisen, dass man kein autoritärer Lehrer sein musste – rückwirkende Rache an meinen Quälgeistern des Gymnasiums.

Ich musste mich anfangs für ein bis zwei Fächer entscheiden und wählte natürlich (in Erinnerung an meine Grundschullehrerin) Englisch und dann noch Theorie und Praxis der Mittleren Schulstufe. Letzteres wurde trainiert am Beispiel der Weltkunde, nämlich Geschichte, Erdkunde und Sozialkunde.

Anfänglich war es ein Kopftraining und Auswendiglernen von Fakten. Dazu kam die Didaktik; das hieß: *Wie verkaufe ich erfolgversprechend das Thema X im Unterricht.* Nichts von Erziehung weit und breit – sowas fehlte mir damals auch nicht. Es hieß auch für mich: Ich erwerbe umfangreiches Wissen im jeweiligen Unterrichtsfach und lerne, wie ich dieses Wissen am besten verkaufe.

Für das spätere Examen waren noch ein Erste-Hilfe-Schein und ein Medien-Schein (wie verwendet man einen OH-Projektor etc.) vonnöten.

Das hätte bis zum Examen so weiterlaufen können, aber es kamen mir dann zufällig (!) zwei Dinge dazwischen – zum Glück!

Durch Zufall konnte ich mich zu einem Seminar mit dem Titel *Gruppendynamische Prozesse der inneren Differenzierung im Unterricht* anmelden. Diesen langen Titel konnte ich mir bis heute wörtlich merken, ein Hinweis, dass dieses Seminar deutliche Eindrücke bei mir hinterlassen hat. Es ging da um das Verhalten innerhalb von Gruppen und die Gründe dafür, auch um *Small Groups and Seating Positions* etc. Ich lernte in diesem Seminar jenseits meines Wissens (obwohl dieses Wissen unterschwellig bei mir erhalten blieb) Empfindungen und deren Ursachen und Auswirkungen. Das ganze Seminar war ständig mit seinen individuellen und den Gruppengefühlen beschäftigt. Rückblickend muss ich sagen – dieses eine Seminar ist überwiegend mein Studium gewesen!

Die zweite wichtige Auswirkung hat ein anderes Seminar gehabt:
Ich weiß den Titel nicht mehr, aber es versetzte mich in die Lage, zwei Praktika vor Ort zu machen – an einer Grundschule und an einer Hauptschule. Es begann mit der Grundschule – ich glaube, ich habe dort zwei Wochen unterrichtet. Und dabei habe ich gemerkt, dass die Grundschule nicht meine Welt ist.
Die Hauptschule aber war ein ganz anderes Kaliber!
Ich hatte – wieder zwei Wochen – mit einer zehnten Klasse kurz vor ihrem Abschluss zu tun, im Englischunterricht. Diese Klasse war an Englisch wenig interessiert – sie hatte aber eine Klassenlehrerin *mit Haaren auf den Zähnen* – die mich während dieser zwei Wochen gut betreute. Sie

hatte die Klasse im Griff, obwohl sie nicht gewalt-
tätig o.ä. gewesen ist – sie wusste genau, wo sie
mit der Klasse hinwollte und wurde von denen mit
ihrer Art und ihrer Absicht akzeptiert.
Und da merkte ich, dass ich mit Spätpubertieren-
den und überhaupt mit Jugendlichen und auch
solchen, die z.b. keine gute Perspektive für ihre
Berufswahl hatten, besonders gut zurechtkam. Es
funkte irgendwie zwischen denen und mir. Ich
konnte mir das zunächst nicht erklären, wusste
aber, wo ich hingehörte.

4. Schulpraxis Wissensvermittlung

Das Wissen allgemein hatte in den vergangenen
Jahrzehnten immens zugenommen. Das bedeutete, dass entscheidungsbefugte Gremien vom
Gesamtwissen und dem kulturellen Erbgut der
Menschheit auswählen mussten, und diese Aus-
wahl in eine Rahmenrichtlinie für Schulen einflie-
ßen lassen sollten. Dieser Rahmenplan war und
ist wohl immer noch für Schulen verbindlich und
es ging an unserer Schule deshalb wohl auch darum, den im Rahmenplan genannten Unterrichtsstoff in mehr oder weniger vorgegebener Zeit im
Unterricht zu vermitteln. Als Beweis sozusagen
wurde dann von den SchülerInnen eine Ab-
schlussarbeit geschrieben, aus der man ersehen

konnte, ob die erwünschten Lernziele erreicht worden waren.
Der Weg zu diesem Ziel blieb dabei den Schulen, resp. den Lehrkräften überlassen.
Die Zeugnisse waren die Bilanz der Lernstoffvermittlungsversuche.

Bei den Grundrechenarten und vergleichbarem, nötigen Basiswissen anderer Fächer, verstehe ich die Verpflichtung durch die Vorgaben der Lehrpläne, bei vielen anderen Unterrichtsvorgaben hingegen nicht.
Ein Beispiel:
Ich habe mal nach einem der ersten Rahmenpläne für die Gesamtschule im Geschichtsunterricht für den 8. Jahrgang *Die Geschichte der USA* unterrichtet.
Die Klasse war von Anfang an sehr am Thema interessiert, weil ich ihr anbot, sich durch Gruppenarbeit über die *Geschichte der Indianer* sachkundig zu machen, über die *Geschichte der Sklaverei* in den USA, über die *Entdeckung Amerikas*, den *Wilden Westen* und den *Sezessionskrieg*.
Diese Unterrichtseinheit dauerte mehrere Wochen und nach erfolgreichem Abschluss folgte die Geschichte der UdSSR nach dem gleichen Prinzip.

Durch immer aktuellere weltweite Ereignisse, waren wir später gezwungen, geschichtlich auch auf dem neuesten Stand zu sein. Das führte im Rahmenplan dazu, dass die Geschichte der USA und der UdSSR in ihrer ursprünglichen Form gestrichen wurde. Es gab dann eine komprimierte Unterrichtseinheit *Geschichte der USA und UdSSR im Vergleich*. Mit sehr gerafftem Zeitraum. Das Interesse der Schüler/innen zu dieser Zeit an diesem Stoff war kaum vorhanden. Der Zeitmangel beim Unterrichten wurde jetzt zunehmend ein Problem. Interessante Vermittlung durch Erfahrungen der Schüler/innen während dieses Prozesses waren immer schwerer unterzubringen. Das Zeitmaß für den Unterricht war offensichtlich in der Vorgabe durch die Rahmenrichtlinie so eingerichtet, dass man den Stoff nur per Lehrervortrag im Frontalunterricht schaffen könnte. Vom Frontalunterricht abweichende Schüleraktivitäten waren offensichtlich nicht durch die Kultusministerkonferenz vorgesehen.

Zur Bedeutung beim Lehramtsstudium, ein oder zwei Unterrichtsfächer zu studieren: Ich hatte Englisch und Gesellschaftskunde studiert, als ich meine Schule zum ersten Mal betrat. Folglich unterrichtete ich auch diese beiden Fächer anfänglich. In Englisch nahm ich mich der A-Kurse an – laut FEGA-System in Berlin die schwächsten Schüler/innen dieses Fachs – und merkte bald, dass Englischunterricht nicht mein Ding war. Laut Rahmenplan ging es da nämlich fast nur um den Ablauf *Vokabeln, Grammatik, Normarbeit*. Keine Zeit, um diesen wenig Lernmotivierten etwas Zuversicht und kleine Erfolge zu vermitteln.

Da wir zu dieser Zeit im Fachbereich Naturwissenschaften Lehrermangel hatten, wurde ich eines Tages vom Fachbereichsleiter gefragt, ob ich Biologie unterrichten könnte.
Nun hatte mich die Biologie irgendwie immer schon interessiert und ich sagte zu.
Ich unterrichtete also ein Fach, das ich nicht studiert hatte! Und zwar bis zu meiner Pensionierung, und wie ich gemerkt und gehört habe, sehr erfolgreich, was Spaß am Thema, Lernzielerreichung und Erziehung betrifft.
Meine Erfahrungen hierbei erstrecken sich auf den Zeitraum 7. bis 10. Klasse, und ich meine, dass das konzentrierte Studium der Unterrichtsfächer zugunsten der erzieherischen Qualifizierung reduziert werden kann und muss. Von der 11. Klassenstufe zum Abitur sind dann eher die bisherigen Lehrkraftfähigkeiten vonnöten, aber die Basis dazu in den Entwicklungsstufen davor, sollte doch anders vermittelt werden - erziehungsbetont.
Als nicht studierter Biologielehrer war ich anfangs – was die Unterrichtseinheiten betrifft - den Klassen gerade mal eine Woche voraus, aber im Prinzip ist der Stoff der Mittelstufe nicht schwer zu erlesen – wichtig ist dabei eben, dass man sich für das Fach interessiert, und das war bei mir der Fall.
Ich denke seit dieser Zeit oft über Autodidakten im Lehrkraftsberuf nach, über Menschen, die zwar

nicht fachlich spezialisiert sind, aber die erzieherischen Qualitäten und ein gewisses Charisma mitbringen, und sich dann ein Unterrichtsfach sozusagen unter Frontbedingungen erarbeiten.

5. Beispiele

Die folgenden Beispiele sollen nur veranschaulichen, welche Art Trainingseinheiten im Unterricht durchführbar sind und welche Ziele damit im Idealfall erreicht werden können. Weiterführende Beispiele gibt es in der entsprechenden Literatur. Das Prinzip der hier geschilderten Trainingseinheiten ist, dass sie sich im Verlauf des normalen Unterrichts ereignen. Sie sind kein vorher angekündigtes Sonderereignis - sie ergeben sich durch eine bestimmte Situation oder ein Stichwort im gerade stattfindenden Unterricht praktisch per Zufall. Die Lerngruppen empfinden vieles davon als Spiel, und ich habe nichts dagegen, denn Spielen macht Spaß. Die Sorge, dass der Rahmenplan dadurch nicht erfüllt werden kann, weil solche Trainingseinheiten Zeit kosten, kann ich entkräften – meine Lerngruppen lernten durch die Trainingseinheiten besser den erforderlichen Stoff und waren gegen Ende der Unterrichtseinheit mindestens so weit mit ihren Lernergebnissen, dass sie mit den Parallelkursen mithalten konnten, ja oft sogar besser abschnitten. Früher oder später bekam ich immer häufiger am Schuljahresbeginn die Neuzugänge mit der Gymnasialempfehlung zugeteilt.

5.1. Stärkung des Selbstwertgefühls und Aufbau des sozialen Netzes

Alle meine Lerngruppen mussten ein paar Wochen, nachdem sie die Schule betreten und sich untereinander kennengelernt hatten, bei mir durch eine bestimmte Trainingseinheit hindurch, die wir irgendwann *Überleben vor der Klasse* genannt haben.

Dieses Training mussten alle der Lerngruppe ohne zeitliche Unterbrechung durchlaufen, weshalb ich mir dafür immer eine Doppelstunde mit den beiden Pausen davor und danach nahm. Die Klassen wussten davon vorher nichts, sie kamen in ihren normalen Unterricht – dachten sie. Wann ich diese Trainingseinheit einsetzte, entschied ich fast immer spontan. Es hing im Prinzip von der Situation innerhalb der Klasse ab. Wenn es gerade Stress gegeben hatte, oder wenn eine schwere Arbeit bevor stand, wartete ich noch ab. Ich entschied nach Gefühl.

Aber irgendwann war es soweit:

Die Klasse saß wie sonst auch in Gruppen an ihren Tischen und ich stand oder saß vorne vor ihnen. Wenn es ruhig geworden war fragte ich: *„Wovor habt ihr eigentlich am meisten Angst im Unterricht?"*

Sie hatten ja einen bestimmten Unterrichtsstoff erwartet und waren über meine Frage erstaunt. Häufigste Antwort: *„Ran zukommen und nicht gelernt zu haben.“* Zustimmendes Gemurmel. Ich fragte dann: *„Gibt's da noch eine Steigerung? Etwas, das noch ein bisschen schlimmer ist?“*

Zitat aus meinem Buch *Gefühle im Unterricht*: Sie sagen dann auch meistens ziemlich schnell, dass ihre größte Angst ist, sich vor der Klasse zu blamieren.

Das ergänzen sie in der Regel durch den Hinweis, dass es hauptsächlich um die Angst geht, vor der Klasse zu sprechen, und noch schlimmer, dabei auch noch vorne stehen zu müssen. Sie sagen über sich, dass sie das nicht gut können, dass sie dann von den anderen ausgelacht werden und die anderen es bestimmt besser können.

Dieses bestätigen nun fast alle SchülerInnen und ich halte dann mit ihnen fest, dass es offenbar allen so geht und dass ich solche Ängste auch von mir kenne, wenn ich an das Sprechen vor der Gesamtkonferenz oder beim Elternabend denke. Wir mutmaßen dann, wie es wäre, wenn man diese lästigen Ängste aus der Welt schaffen könnte, einfach so, und was dann wohl an der Schule anders wäre. Die Kinder sind da sehr phantasievoll mit ihren Vorstellungen und wir sprechen ein Weilchen über diese Wunschträume.

Dann sage ich ihnen, dass ich weiß, wie man diese Ängste überwinden kann, bei allen, erzähle ihnen, dass mir das meine ehemaligen Kerngruppen auch anfangs nicht geglaubt haben und dann aber gestaunt haben, dass es funktioniert.

Dann kommen natürlich sofort die skeptischen Fragen nach dem 'Wie' und ich sage, dass man das ganz schlecht mit Worten erklären kann, dass es viel einfacher ist, es zusammen auszuprobieren, und sie rutschen dann unruhig auf ihren Stühlen hin und her, sind aber sehr interessiert. Ich weiß, dass dieser wichtige Vorgang nur funktioniert, wenn ich sie schon so weit habe, dass sie mich gut genug kennen, um mir glauben zu können.

Sie dürfen mir nicht misstrauen und das ist nur dann der Fall, wenn ich sie in unseren vorausgegangenen Begegnungen nicht misstrauisch gemacht habe.

Sie müssen wissen, dass ihnen mit mir nichts Böses geschehen kann, dass sie sich auf mich verlassen können, dass ich niemanden aus der Kerngruppe bloßstellen werde und keine Beleidigung oder Verletzung zulassen werde.

Dann erzähle ich ihnen, wie ich mir den Angstabbau mit ihnen vorstelle und dass wir dafür mal alle zusammen Angst miteinander haben müssten, jeder, ohne Ausnahme. Und dass dabei überhaupt nichts Schlimmes passieren kann und ob sie denn schon ein bisschen Mut hätten, sich zu trauen. Und sie rutschen immer nervöser auf ihren Stühlen herum, sind gespannter als vorher, kokettieren mit ihrer Angst wie bei einem Blick auf eine Giftschlange hinter einer Glasscheibe und ein paar sagen ja und ein paar andere winden sich hin und her, und einige sind sichtlich blass geworden.

Dann sage ich ihnen, dass ich sie jetzt und hier zu nichts zwingen werde und dass wir das auch alles verschieben können, auf einen späteren Zeitpunkt, wenn sie sich mehr trauen, aber sie sind schon viel zu neugierig.

Ich tue immer noch geheimnisvoll, könnte im gleichen Ton auch gut etwas Spannendes erzählen, aber ich werde immer noch nicht konkret.

Es kann eigentlich nicht passieren, aber ich achte doch darauf, dass ich den 'Bogen nicht überspanne'.

Dann kommt der Moment, da wollen sie es wissen, da geht nichts mehr zurück, vielleicht wollen sie es auch einfach endlich hinter sich haben, wie beim ersten Mal auf dem Dreimeter-Sprungbrett.

Und ich sage ihnen jetzt, worum es geht und sie sind 'mucksmäuschenstill' und stoßen später vereinzelte 'lustbetonte Verzweifelungsquiekser' aus, und sie sind voller Erwartung und höchst gespannt.

Dann erinnere ich sie daran, dass sie selbst gesagt haben, das Schlimmste sei das Sprechen vor der Klasse und dass wir deshalb nicht darum herumkommen, uns in diese gemeine Angstsituation hineinzubegeben, dass wir sie nur so beseitigen können, irgendwann mal für immer. Ich sage auch, dass es nur dann klappt, wenn alle ohne Ausnahme mitmachen und jeder genau weiß, dass auch er auf jeden Fall drankommt und dass es nicht passieren kann, dass es plötzlich klingelt und einige konnten nicht mitmachen.

Sie jubeln nicht freudig erregt wie bei einem Stundenausfall, aber sie zeigen trotz ihrer Nervosität auch keine Rückzugstendenzen.

Dann bekommen sie die Aufgabe:
Jeder und jede muss einmal nach vorn kommen, dort 'freihändig' stehen und zwei Minuten reden. Reden über ein Stichwort, das von mir gegeben wird und das sie vorher noch nicht gehört haben.

„Ihr könnt den 'größten Mist' erzählen über dieses Wort, Hauptsache ihr probiert dort vorn zwei Minuten lang irgendwie zu 'überleben'."
Ich sage ihnen noch mal deutlich, dass es ganz unwichtig ist, was sie erzählen und viele sagen dann: "Na, das ist ja einfach, da kann ja eigentlich nichts schiefgehen".
Dann hören sie von mir, dass das alle SchülerInnen immer erst sagen, bis sie dann selbst dran sind und dass es dann doch 'höllisch' schwer ist.
Sie hören mir zu und glauben es mir wohl schon.
Dann bekommen sie die zweite Aufgabe für den Rest der Kerngruppe, das ‚Publikum', diejenigen, die gerade vorn nicht zu 'überleben ' haben:
„Weil dieses Reden hier vorn so schwer ist, hat die Kerngruppe den Auftrag, die Redner gut zu beob-

achten, damit wir herausfinden können, wie die das nun machen mit dem 'Überleben'.

Also macht es ihnen nicht noch schwerer, haut sie nicht 'in die Pfanne', sondern konzentriert euch auf Beobachtungen, ob jemand rot wird oder mit seinen Händen nicht weiß wohin, oder so."

Ich setze mich inzwischen mit meiner Stoppuhr nach hinten.

„Ich achte genau darauf, dass die zwei Minuten nicht überzogen werden. Ihr werdet aber auch ganz schnell merken, dass zwei Minuten eine sehr lange Zeit sein können."

"Ist alles klar, seid ihr bereit, soll ich jetzt anfangen?"

Ich suche mir den ersten Redner oder die erste Rednerin sorgfältig aus, damit ich nicht gerade am Anfang das größte 'Nervenbündel' erwische, und ich sage vorher noch ausdrücklich "Wenn sich wirklich jemand nun überhaupt nicht traut, werde ich ihn nicht dazu zwingen, er kann es ja dann beim nächsten oder übernächsten Mal probieren, und versucht mal bitte, wirklich eurer Angst zu erlauben, dass sie nun mal da ist, am besten gelingt diese Übung, wenn ihr wirklich mächtige Angst habt!"

Und dann geht es los, ich zeige auf meinen erwählten Kandidaten, warte bis er vorn angekom-

men ist und überlege dabei sein Stichwort. Dann sage ich irgendetwas Schwieriges wie z.B. Periskop, oder Einhandmischbatterie, oder Frankfurter Pfanne und lasse den Dingen ihren Lauf.
Nach zwei Minuten melde ich mich: "Boiingg, prima, das waren die ersten zwei Minuten, ich finde, er hat Beifall verdient, weil er ja auch der erste war..." Sie klatschen gelöst und stürmisch.
Ich frage den Schüler dann, ob er uns erzählen kann, wie es ihm die ganze Zeit vom Aufruf bis zum Setzen gegangen ist, und die Beschreibungen sind fast immer gleich:

Bevor man rankommt ist die Angst schon groß und dann wird sie noch schlimmer und dann kommt dieses unbekannte Wort und mir fällt nichts ein, sie starren ja auch alle so. Ich habe dann probiert, irgendwas zu sagen aber irgendwann hängt man in der Luft und weiß nicht weiter und das ist schlimm. Ich glaube, ich war schweißnass und ziemlich verlegen, es war mir peinlich.
Aber jetzt geht es mir viel besser, jetzt, wo es vorbei ist.
(Dieses „über sich Reden" der Kinder muss dabei auch oft zum ersten Mal geübt werden, weil sie es „in der Öffentlichkeit" nicht gewohnt sind, und ich unterstütze und ermuntere sie dabei deshalb auch manchmal mit helfenden Zwischenfragen in der Art „Wie war denn dein Pulsschlag während deiner Zeit dort vorn?")

Dann frage ich die Kerngruppe, was sie so gesehen oder gemerkt haben und sie sagen, dass er es eigentlich ganz gut gemacht hat für den allerersten Versuch und dass man ihm seine Angst gar nicht so angemerkt hat, und warum er denn nicht irgendwas erzählt hat usw.

Inzwischen reden sie über ihre Gefühle, geben einander Tipps und Ratschläge und versuchen sich gegenseitig zu helfen, zu ermuntern und zu ermutigen.

Der/die nächste kommt dran und damit die Weiterführung der Gruppenentwicklung gegen die gemeinsamen Ängste.

Und ich merke, und sie merken es wohl auch, dass sie nach und nach kleine Fortschritte machen. Es kommt irgendwann auch die Feststellung von ihnen, dass es ja eigentlich der/diejenige am schwersten hat, der/die am allerlängsten auf den Auftritt warten muss usw.

Wenn alle dran gewesen sind, sprechen wir noch ein bisschen über unsere Ängste und wie es denn nun gewesen ist, und vielleicht waren sie ja auch pfiffig genug, mich mal nach vorne zu schicken, wenn nicht, sie kommen schon noch darauf, früher oder später.

Wenn es klingelt, rennen sie vielleicht durchgeschwitzt und erleichtert, aber auch schon etwas stolz und zufrieden in die Pause.

Später kommen alle Lerngruppen garantiert darauf zurück – alle ohne Ausnahme - und fragen mich, ob sie denn das 'Angstspiel' noch einmal

machen könnten. Sie wissen ja nicht, dass ich es sowieso noch ein paar Mal machen werde, jedes Mal unter etwas veränderten Bedingungen. Durch ihre Bitte bin ich jetzt allerdings in einer günstigen Verhandlungsposition und kann mit ihrer Zustimmung die Spielregeln erschweren: Beim zweiten Mal dauert es drei Minuten, beim vierten Mal bekommen sie bekannte Begriffe, müssen sich aber dafür strikt an sie halten, und zum Schluss bekommen sie Textpassagen aus dem Thema der gerade anliegenden Unterrichtseinheit, die sie sich in Ruhe zu Hause erarbeiten können (oder auch im Unterricht, je nach Wahl) und dann vor der Kerngruppe vortragen müssen.
Später folgt die nächste Stufe, sie müssen längere Vorträge üben und sie durch Medieneinsatz unterstützen und interessanter machen. Dabei merken sie sehr schnell, dass längere Themen auf mehrere SchülerInnen aufgeteilt werden müssten, und sie beginnen mit Gruppenarbeit.

Dazu haben sie wieder von mir den Auftrag, sich so gut wie möglich vor der Kerngruppe 'zu verkaufen' *„Wenn die Kerngruppe sich während eures Vortrags langweilt, dann ist nicht euer Thema langweilig, sondern ihr habt es nicht gut genug verkauft!"*
Dazu kommt noch die Aufgabe, sich ganz besonders um die noch etwas ängstlicheren SchülerInnen ihrer Gruppe zu kümmern, d.h. es reicht nicht, wenn zufällig ein guter Redner in einer Arbeits-

gruppe das ganze Referat hält, eine gute Gruppe muss dafür sorgen, dass die (aus welchen Gründen auch immer) schwächeren Mitglieder ihre Schwächen angehen und jedes mal ein bisschen mehr während des Vortrags damit umgehen.

Ich lasse bei dieser Gelegenheit schon mal den Begriff Teamfähigkeit fallen, der ihnen ja bald auf ihren Zeugnissen bestätigt werden sollte.

Früher oder später werden sie erfindungsreich und kreativ und es gibt häufig Referatssituationen, wo z.b. mal eine Kreisgraphik zur anschaulichen Darstellung der Sitzverteilung im Bundestag als große selbstgebackene Schokoladentorte mit farblich unterschiedlicher Zuckerglasur nach den Prozentzahlen der Sitzverteilung mitgebracht wird, und jeder aus der Kerngruppe, der am Ende des Referates Stichfragen zum Thema richtig beantworten kann, dafür ein Stück Torte bekommt, das wir sofort im Unterricht vertilgen. Ich mache dabei immer mit, schon weil ich Schokoladentorte mag, aber nur, wenn eine der Fragen keine richtige Antwort bekommt.
Übrigens: Die anderen Referatsgruppen dürfen diese originelle Idee in ihren Vorträgen nicht kopieren.

Auch dieses Konstruieren von Erfolgserlebnissen vor der Kerngruppe üben wir in kleinen Schritten von Anfang an zusammen.

Sie können auch sehr bald die Leistungen von MitschülerInnen ziemlich gut einschätzen und sagen dies in den Nachbesprechungen den ReferentInnen deutlich, und ihre Zensierungsvorschläge decken sich in etwa mit meinen Vorstellungen. Die Unterschiede werden zwischen der Lerngruppe und mir ausdiskutiert, Zensuren kommen deshalb nicht gottgegeben von oben. Es passiert dabei nie, dass SchülerInnen einer Lerngruppe völlig konträre Zensurenvorschläge zu meinen machen.

Sind sie dann in der neunten oder zehnten Klassenstufe, merken sie, um wie vieles besser sie in der freien Rede sind als die SchülerInnen der anderen Kerngruppen, die dies nie geübt haben, und sie sagen es mir auch, und ich höre es von KollegInnen.

Im übrigen, das sei noch am Schluss erwähnt, wird die Angst im Laufe der ersten zwei Jahre immer geringer, wir reden ganz anders miteinander und sie untereinander, und wenn mal Angst aufkommt, kümmern sich mehrere MitschülerInnen fürsorglich um die betroffenen SchülerInnen.

Es ist schon vorgekommen, dass 'Trebegänger' aus Kerngruppen abwechselnd bei Klassenmitgliedern zu Hause betreut wurden, Situationen, in denen sie zusammenhalten, sich helfen und mich eigentlich schon nicht mehr dafür benötigen, weil sie die beschützende Nestwärme der Kerngruppe mitbekommen haben.

Ich bekomme heute noch – Jahre nach meiner Pensionierung – vereinzelt Rückmeldungen von ehemaligen Schüler/innen, die mir stolz berichten, dass sie eine Aufnahmeprüfung oder ein Bewerbungsgespräch erfolgreich bestanden haben und dass sie das dem `Überleben` vor der Klasse verdanken.

5.2. Gegen Ablehnung von Unbekanntem, Andersartigem und Fremdem

Wenn Kinder neu an die Schule gekommen sind und ein Weilchen mit sich und mir im Unterricht und zwischendurch miteinander umgegangen sind, bemerke ich immer wieder ein bestimmtes Phänomen:
Sie wollen möglichst schnell so sein wie alle anderen.
Das bezieht sich offenbar auf die wichtigsten Bereiche ihres Seins, und jede Gefahr der Abweichung von einer zunächst unausgesprochenen Norm macht den Abweichlern Angst, und die Normierten reagieren je nach Mentalität mit "Totschweigen", Bemitleiden, Lästern oder "offenem Angriff".
Meist sind es Bereiche, die den Geschmack betreffen, Mode im weiteren Sinn, Stil der Kleidung, richtige oder falsche Markennamen, Musik, die sie

gerne hören, mitgebrachte Schulausrüstung, das gesamte äußere Erscheinungsbild und letztendlich auch Bereiche ihres Verhaltens.

Wer oder was nun gerade den vorherrschenden Geschmack festlegt - sie unterwerfen sich unbewusst diesem Diktat und erwarten, dass alle sich danach richten. Abweichungen vom Einheitsbrei gibt es dabei allerdings schon, aber fast nie von einzelnen Kindern, immer nur von Gruppen innerhalb der Großgruppe - die Heavys und die Rapper beispielsweise. Nur Gruppen sind imstande, stilistische Untergruppierungen innerhalb der Gesamtgruppe zu bilden, und eine Klasse entwickelt schnell die Fähigkeit, ihre Untergruppen zu assimilieren.

Der gerade vorherrschende Geschmack der Altersgruppen wird geprägt durch Erfahrungen über einen längeren Zeitraum, durch Objekte, die sie ständig gesehen und gehört haben, im Fernsehen, in Zeitschriften, in der Werbung - so begann bei uns damals wohl auch der Siegeszug der Jeans.

Angesichts der Rollenunsicherheiten und der Suche nach Ich-Identität während dieser Zeit ist es eine überlebensnotwendige Überbrückungshilfe, die ihnen die Ablösung vom Elternhaus ermöglicht und gleichzeitig die Sicherheit einer Peer-Group bietet.

Individualisten haben es in dieser Zeit schwer, sind ständig in der Gefahr, zu Außenseitern zu werden, und bei der hohen Bedeutung der Peer-Groups für die erfolgreiche Eingliederung kann abweichendes Verhalten zu nachhaltigen Schäden bei ihrer Entwicklung führen. Starke Individualisten, die dies unbeschadet aushalten oder gar ihr abweichendes Verhalten zur Norm werden lassen können, sind äußerst selten.

Normabweichler sind oft die Sündenböcke der Klasse mit den Entlastungsfunktionen, die sie für die Gesamtgruppe haben, Außenseiter auf langen Leidenswegen, deren Schul- und Lebenskarrieren durch zahlreiche Mechanismen (self fullfilling prophecy etc.) eine katastrophale Entwicklung durchmachen können, es sei denn, sie können durch pädagogisch / gruppendynamische Prozesse in eine Klasse integriert werden.

Fremdes, Unbekanntes wird spontan abgelehnt.

Wenn ich zwei Reaktionsmöglichkeiten unter-stelle:
- Alles Fremde macht mich unsicher, ich lehne es ab und
- Alles Fremde macht mich neugierig, ich will es mir erst mal ansehen (ablehnen kann ich es ja immer noch),
dann gibt es für die Schülerinnen und Schüler fast immer nur die Reaktionsmöglichkeit Nr.1, die andere haben sie offenbar im Verlauf ihres Lebens immer mehr verlernt.

Angenommen, ich stelle im Klassenraum zwei Bilder nebeneinander auf, einen Kandinsky und ein Karstadt-Portrait o.ä., dann kenne ich die Reaktionen der Mehrheit innerhalb der Klasse eigentlich schon vorher:
"Das Portrait, das ist Kunst, das sieht schön aus und das könnte ich nicht - der Kandinsky, was soll denn das sein, das ist Mist, alles nur Farbkleckse, das kann ich auch!"

Gewohntes und Bekanntes macht nicht unsicher, es kann leicht in das eigene Weltverständnis eingeordnet werden, aber alles Unbekannte und somit Ungewohnte ist unbequem, es macht unsicher, Unsicherheit ist eine Form der Angst, sie stellt die angestrebte Sicherheit, die Welt zu begreifen in Frage und untergräbt das gerade in diesem Lebensalter lebensnotwendige Streben nach sicherer Einordnung des eigenen Ich, nach möglichst schneller Aufhebung des labilen Zustands zwischen Unverständnis des Kinds und Wissensbedarf des Erwachsenen.

Sie sind jahrelang, auch gerade durch die Schule darauf trainiert worden, ihren Verstand zu benutzen, der Umgang mit Gefühlen ist viel weniger gut ausgebildet. Die Möglichkeit, dass in dem Kandinsky das Gefühl des Kandinsky steckt, ist ihnen fremd, es nutzt auch wenig, wenn ich ihnen erzähle, dass dies so sein könnte.

In unseren Geschichtsbüchern finden wir in den Abschnitten über den Nationalsozialismus oft das Guernica-Bild von Picasso als Ausdruck seines Gefühls des Entsetzen beim Anblick dieses vernichteten Dorfes - die Kinder begreifen es nicht, es ist eben nicht ihre Welt.

Erstaunlich in diesem Zusammenhang ist eigentlich nur dieser merkwürdige Umstand, dass bei allen Distanzierungstendenzen während der Pubertät das elterliche Kunstverständnis z.B. kritiklos übernommen wird. Möglicherweise reizt die Distanzierung nur in Bezug auf die von den Erwachsenen verbalisierten Verhaltensregeln.

Erzogen wurden die Kinder meistens über den Verstand, obwohl sich der weitaus größte Teil ihres Begreifens in Wahrheit auf der affektiven Ebene abgespielt hat. Ein bewusstes Umgehen mit den Möglichkeiten dieser Gefühlsebene, ein Zulassen der affektiven Erlebniswelt im Hinblick auf z.B. abstrakte Kunst, ist ihnen fremd.

Ich habe inzwischen die Erfahrung gemacht, dass es die Kinder lernen können und dass es ihnen mehr und mehr Freude machen kann.

Dazu haben wir wieder mal ein Spiel gemacht, das sich über einen längeren Zeitraum erstreckte, immer mal wieder bei Freiräumen im Unterricht oder auch außerhalb hervorgeholt wurde, ein Spiel mit von Phase zu Phase sich steigerndem

Schwierigkeitsgrad. Ein Spiel um Machtausübung, das begriffen sie schon zu Beginn, als ich anfing, kleine Ängste oder Unsicherheiten heraufzubeschwören. Die wohl einfachste Methode, ein bisschen Unsicherheit zu provozieren besteht darin, beim Umgang miteinander eine der dabei üblichen Verhaltensweisen als eine diesmal nach den Spielregeln verbotene darzustellen, also beispielsweise darf nicht gesprochen werden oder die Augen müssen geschlossen werden etc. Ganz normale Handlungen werden dadurch zumindest etwas angstbesetzter, aber sie sind immer noch durchführbar, die Kinder werden nicht überfordert, fast immer sind sie sehr gespannt, obwohl sie vermutlich erst mal nicht begreifen, warum sie das nun mal anders als üblich machen sollen.

Diesmal sollten sie sich mit Malerei beschäftigen, wobei es anfangs immer hier und da zu den mir inzwischen sehr vertrauten Äußerungen kommt: "Ich kann nicht zeichnen!"
Nun ist dieses Malerei-Spiel so geschaffen, dass sich die Ergebnisse gerade von denjenigen, die sich auf dem zeichnerischen Gebiet wenig zutrauen, überhaupt nicht von den anderen Ergebnissen unterscheiden, weshalb dann diese eher skeptischen Kinder nach der ersten und einfachsten Phase dieses Spiels, bisher immer bis zur letzten Phase mutig mitgemacht haben, und "Ich kann nicht zeichnen" kam nicht mehr vor.

Das Spiel läuft in Partnerarbeit, und zwei "angst-machende" Faktoren gelten als Spielregel: Sie dürfen nicht miteinander sprechen (lachen usw. ist erlaubt) und sie müssen auf einem Zeichenblatt zusammen zeichnen und bekommen dafür auch nur einen Stift (!).

Das bedeutet: Jeder nimmt eine seiner Hände und ergreift den Stift, der dann von zwei Händen (ohne Absprache!) über das Zeichenblatt geführt wird und sie müssen ohne Diskussionen ein Haus, einen Baum und einen Hund zeichnen und dann mit ihren beiden Namen unterschreiben. Danach werden diese Gemälde im Kreis der Klasse begutachtet.

Während der Malphase gibt es viel Gelächter und die, die eher fertig sind, betrachten die Nachbarbilder, die meistens auch sehr merkwürdig aussehen - sie lachen dabei auch über sich, was sie normalerweise nicht können.

Sehr absurd sehen oft die Hunde aus und sie werden spätestens im Klassengespräch prustend und lachend kommentiert.

Nach dieser Phase sprechen wir über das Spiel, wie es ihnen so ergangen ist, als sie ohne Absprache diese Gegenstände zeichnen mussten. Wir kommen auch ziemlich schnell auf den Begriff Machtausübung, weil sie feststellen, dass die zwei Partner, die mit viel Durchsetzungsvermögen an dem Zeichenstift herumzerren, kein Bild zustande gebracht haben - bei extremer Machtausübung wird allenfalls das Zeichenpapier zerfetzt (was am Anfang nicht selten passiert). Wenn beide Partner überhaupt keine Macht ausüben, entsteht auch kein Bild. Damit zeigen sich zwei Möglichkeiten, die beim Zeichnen in der Klasse angewendet worden sind: Ohne Absprache ordnet sich ein Partner unter und lässt seine Hand von dem anderen Partner mitführen, oder es findet eine nicht abgesprochene Abwechselung statt, wobei sie diese Änderung während des Zeichenprozesses durch Zu- oder Abnahme des Drucks durch die Partnerhand mitbekommen haben.

Phase zwei dieses Spiels, und diesmal sind alle sehr neugierig angesichts ihrer Ersterfahrungen, soll dann noch ein bisschen schwieriger sein: Nachdem sie die Auswirkung der Machtausübung zwischen zwei Partnern mit mir erörtert haben, sollen sie jetzt probieren, dass ihr Bild zum Schluss schöner wird als beim ersten Versuch (bei sonst gleichen Spielbedingungen), d.h. sie müssen versuchen, ihre gegenseitigen Machtansprüche zugunsten eines möglichst schönen Ergebnisses zu reduzieren.

Die Ergebnisse sind dann auch meistens "schöner", und sie berichten, wie es ist, wenn sie sich aufeinander einstellen und wie behutsam dadurch ihre Umgehensweisen manchmal (zwangsläufig) sind.

Phase drei wird von mir dadurch erschwert, dass jetzt nicht mehr vorgegeben ist, was sie zeichnen sollen, d.h. jeder denkt sich einen Gegenstand aus, den er versucht so schön wie möglich zu malen.
Als Ergebnis erwarte ich zwei Zeichnungen auf dem Blatt Papier, die trotz Mitwirkung der jeweiligen Partnerhand und ohne das Wissen von der Idee des Partners, gut und erkennbar geworden sind.
Und es funktioniert.
Die nächste Schwierigkeitssteigerung verlangt von ihnen, dass sie mit ihren zwei Gegenständen noch mehr aufeinander eingehen, d.h. ein Gegenstand wird gezeichnet und der zweite muss dann (immer ohne Absprache) einen deutlichen Bezug zum ersten haben - Eine Sonne und dann ein Wölkchen davor z.b.
Inzwischen ist es unübersehbar, dass sie behutsamer miteinander umgehen und ziemlich gut aufeinander eingehen.

Eine ganz erhebliche Steigerung der Schwierigkeiten kommt aber erst jetzt:
Sie dürfen nicht mehr gegenständlich zeichnen!
Ich sage das erstmal so dahin, und es kommen auch sofort verständnislose Blicke und Fragen: "Wie soll denn das gehen?"
Ich erkläre es dann so: Wiedererkennbare Gegenstände sind jetzt nicht mehr erlaubt, auch keine

Zahlen oder Symbole, wie z.B. Fragezeichen oder so ähnlich.

"Ja was bleibt denn dann noch übrig?"

"Am Anfang entsteht vielleicht eine Kurve oder irgendeine Linie oder ein Farbklecks oder etwas aus eurer Phantasie und der zweite Partner muss dann darauf eingehen, meinetwegen indem er diese Kurve fortsetzt, auf sie "antwortet" oder seine eigene Kurve dazu zeichnet, überlasst es mal ruhig eurem Spieltrieb, probiert es einfach aus und spinnt ein bisschen miteinander herum - ich möchte aber, dass ihr wirklich versucht, aufeinander einzugehen.
Und weil sich das erstmal so schwer anhört, bekommt jetzt auch jeder seinen eigenen Farbstift mit seiner eigenen Farbe".

Mit nach wie vor verständnislosen Blicken gehen sie ans Werk und es entstehen ihre ersten abstrakten Gemälde (Ich war beim ersten Mal erstaunt, wie gut sie wirklich waren!).

Diesmal dauern die Gespräche danach länger als sonst und sie erzählen, wie es ihnen mit dieser merkwürdigen Aufgabenstellung ergangen ist, schildern oft die Entstehungsgeschichte ihres Bildes, was sie beim Betrachten der ersten Linien ihres Partners so gedacht haben und wie es dann weiterging.

Anhand der Harmonie der einzelnen Werke ist auch gut zu erkennen, ob und wie die Partner aufeinander eingegangen sind, die Schüler merken dies auch ziemlich schnell. Die harmonischen Partner werden dann ausgefragt, wieso das denn so gut funktioniert hat usw.

Schwer ist es für viele trotzdem.

Und sie ahnen nicht, dass es noch schwerer werden soll.

In der letzten Phase dieses Spiels sollen sie sich mit der eben angewendeten Methode gegenseitig etwas mitteilen. "Versucht mal bitte, eurem Partner auf dem Zeichenblatt mitzuteilen, wie ihr euch gerade fühlt."

Sie bekommen jetzt ein großes und wichtig aussehendes Zeichenpapier, mindestens in Größe DIN A2.

"Malt die erste Kurve einfach nach Gefühl - ich mache es an der Tafel vor - wer sich ruhig fühlt malt vielleicht eine ganz sanfte Kurve, und wer aggressiv ist malt vielleicht eher eine Zickzacklinie.

Das soll jetzt ein Gespräch ohne Sprache sein, also bemüht euch bitte, dass ihr euch auch gegenseitig versteht.

Die beiden, die fertig sind, nehmen dann bitte ihr "Gespräch" mit hinaus auf den Flur und unterhalten sich dort, diesmal mit Sprache, wie es war und ob ihr euch gegenseitig verstanden habt. Wenn das alle getan haben, treffen wir uns wieder im Klassenraum zur gemeinsamen Betrachtung der Ergebnisse."

Und diesmal haben wir wirklich eine große Zahl "Kandinskys" dabei!
Ganz oft hängen mehrere dieser Bilder bis zum Ende ihrer Schulzeit an einer Wand des Klassenraumes, manchmal mit zwei Namen am unteren Bildrand.

Vielleicht können sie nun in einer Gemäldegalerie nicht mehr so einfach abwinken mit "Was soll das sein?" "Das ist Mist!"
Vielleicht müssen sie viele ähnliche Übungen und Erfahrungen machen, und ich glaube, dass eine Erziehung in dieser Art und in diese Richtung weitaus eher geeignet ist, Vorurteile gegenüber Unbekanntem und Ablehnung von oder Angst vor Fremdheit abzubauen, als mit der üblichen Methode der Wissensvermittlung.

In einer meiner Kerngruppen hatte ich vier Jahre lang zwei Schüler, von denen der eine von seinem Weltbild zumindest tendenziell der rechtsextremen Szene zuzuordnen war, während der andere innerhalb der Klasse sozusagen den Gegenpol darstellte; er bezeichnete sich selbst als Autonomer und verbrachte einen großen Teil seiner Freizeit in Wackersdorf mit Anti-Atomkraft-Demos.

Beide Schüler verbrachten die letzten vier Jahre ihres Schullebens also in einer Kerngruppe, die im Umgang mit Gefühlen gut trainiert war, in einer Gruppe, die einen menschlichen Umgang miteinander erprobte und gemeinsame Ängste abzubauen versuchte.

Diese Zwei hatten zu Beginn der siebten Klasse mit Ausnahme heftiger Wortgefechte und gelegentlicher Anpöbeleien wenig miteinander zu tun; das änderte sich aber in den folgen Jahren. Die Klassenatmosphäre war für beide dieselbe, und sie konnten sich ihr für die Dauer der vier Jahre nicht entziehen.

Ich erinnere mich noch an ein für mich äußerst erstaunliches und höchst erfreuliches Telefongespräch mit dem "Autonomen" zwei Jahre nachdem diese Kerngruppe die Schule verlassen hatte: "Wissen Sie eigentlich, dass der "Rechtsradikale" der einzige aus unserer Klasse ist, der noch keine Lehrstelle hat? Wollen wir uns nicht mal darum kümmern, ob wir ihm da irgendwie helfen können?"-
Er fand später eine Lehrstelle als Heizungsbautechniker und besuchte mich dann mal. Nach unserem Gespräch – Zitat: *„Ich hätte damals nie gedacht, dass Sie es schaffen würden, mich von meinem rechtsextremistischen Weltbild wegzukriegen!"*, und nach Gesprächen mit anderen dieser ehemaligen Kerngruppe weiß ich, dass er heute nicht mehr in der Lage ist, mit einem Baseball-Schläger bewaffnet die Gegend unsicher zu machen.

Ich will nicht behaupten, dass er so geworden ist, weil er gelernt hat, seine Gefühle in einem abstrakten Gemälde auszudrücken. Wenn ich aber annehme, dass diese Haltung, alles Fremde, Andersartige und Unbekannte erstmal abzulehnen und zu bekämpfen, zumindest eine der Keimzellen für die Entstehung von Vorurteilen gegenüber Ausländern, für Fremdenhass sein kann, dann glaube ich inzwischen, dass wir mit dieser Pädagogik viel eher einen erfolgreichen antifaschistischen Unterricht machen können, als mit der herkömmlichen Methode, die sich weitestgehend darauf beschränkt, Themen verbal abzuhandeln. Dieser Schüler musste außerdem als Mitglied seiner Klasse die ganzen vier Jahre bis zu seinem Abschluss durch alle Trainingseinheiten mit seinen Mitschüler/innen hindurch und erwarb dadurch ein besseres Selbstwertgefühl und Vertrauen in die Restklasse und zu mir. Wenn ich stattdessen versucht hätte, über den Nationalsozialismus und die rationale Ebene an sein anfängliches Problem, das sich auf der affektiven Ebene bewegte, heranzukommen, wäre ich gescheitert.

Empathiefähigkeit sollte aber laut einer kanadischen Studie *„Roots of Empathy"* schon sehr erfolgreich in den ersten Grundschuljahren trainiert werden.

5.3. Sich gegenseitig loben

Man kann es ganz leicht mit ihnen üben und kommt dabei zu ganz erstaunlichen Ergebnissen. Ich habe sie mal gefragt, ob sie nicht mal wissen möchten, was die anderen an ihnen gut finden, weil man so was ja höchst selten zu hören bekommt. Sie waren sehr erstaunt und irritiert, aber auch schon wieder sehr neugierig. Dann habe ich gesagt: "Na gut, dann benutzen wir doch die Doppelstunde mal dazu, uns gegenseitig zu loben." Weil sie das überhaupt nicht gewohnt waren, und damit keine 'Pleiten' durch ihre üblichen Lästereien passieren konnten, musste ich mit ihnen am Anfang ganz besonders behutsam umgehen und ihnen die Spielregeln haargenau beschreiben, und ich erklärte dabei auch, worum es dabei gehen sollte.

Als sie Bescheid wussten waren sie höchst aufgeregt, weil sie ja so was noch nie vorher gemacht hatten und das machte natürlich wieder mal Angst. Aber Angstabbau hatten wir ja schon häufiger geübt, und sie waren inzwischen soweit, dass sie sich trotz Angst an bestimmte Konflikte heranwagen konnten, weil es danach jedes mal etwas angstfreier gewesen ist und es nie jemand bereut hatte.

Sie sollten sich in Vierergruppen zusammensetzen und jedes Gruppenmitglied hatte zunächst die Aufgabe, für sich zehn positive Adjektive zu sammeln und aufzuschreiben, die auf Menschen bezogen positiv gemeint sein sollten. Wir hatten es vorher mal geübt und sie kannten das Prinzip.

Dann sollten die vier Gruppenmitglieder nacheinander ihre zehn Adjektive den anderen vorlesen, und jeder, der irgendwelche davon noch nicht auf seinem Zettel hatte, musste sie dazu schreiben. Bei gegensätzlichen Ansichten über den Charakter bestimmter Adjektive musste dies ausdiskutiert werden, so dass jeder in der Gruppe wusste, in welcher Richtung dieses oder jenes Adjektiv nun positiv gemeint war. Am Ende dieser 'Vorübung' hatten alle maximal vierzig positive Adjektive zur Verfügung. Diese Phase dauerte ein Weilchen und es waren auch nie alle Gruppen gleichzeitig fertig. Die erste fertige Gruppe hatte sich zu melden und ich setzte mich dann zwischen sie, um ihnen die Hauptaufgabe zu erklären.

Jeder bekam von mir ein DIN A5 Blatt und hatte darauf seinen Namen in die Mitte zu schreiben. Dieses Blatt gehörte von jetzt an ihm. Dann sollten sich alle mal die Adjektive auf ihren Zetteln durchlesen, und jeder musste sich das davon aussuchen, von dem er meinte, dass es von allen Adjektiven am besten auf ihn selbst zutraf. Es passten natürlich immer mehrere, aber sie mussten sich schon für das entscheiden, das doch noch ein bisschen besser passte als alle anderen.

Sie fanden das schon ganz schön schwer, aber sie schafften es. Jeder, der nun das Adjektiv für sich selbst gefunden hatte, sollte dies in eine Ecke seines DIN A5 Blattes schreiben und dann diese Ecke umknicken, so dass dieses Wort nicht mehr zu lesen war. Danach mussten diese Zettel innerhalb der Gruppe weitergereicht werden, und jeder, der jetzt einen anderen Namen vor sich lesen konnte, sollte nun auch für diesen Namen das am besten passende Adjektiv aus der Liste heraussuchen und es in eine der noch freien Ecken schreiben und diese ebenfalls umknicken. Am Ende erhielt jeder seinen Zettel zurück, mit vier umgeknickten Ecken.

Das geschah aber schon, während ich nicht mehr dabei war, ich erklärte inzwischen schon längst der nächsten Gruppe, worum es ging.

Die deutlichste Anweisung machte ich bei allen Gruppen, als jeder seinen eigenen Zettel wieder vor sich hatte mit den umgeknickten Ecken.

Ich sagte ihnen, dass jetzt die Neugier fast unerträglich zu werden scheint, und dass der Drang, mal kurz unter die umgeknickten Ecken zu schielen, besonders groß wäre; sie sollten aber mal probieren, diesem Drang nicht nachzukommen, sie sollten versuchen, nicht nachsehen zu müssen. Ich sagte ihnen auch dabei, dass diese Übung nur dann funktioniert, wenn die Ecken umgeklappt bleiben, bis ich was anderes dazu sage.

Irgendwann waren natürlich alle fertig und äußerst gespannt. Wir setzten uns wieder in die alte

Ordnung und sie bekamen von mir den letzten Hinweis zu dieser Übung.

Ich sagte, es geht jetzt darum, dass sich von euch mal jemand traut, seinen eigenen Zettel zu nehmen, vor die Klasse zu treten und erst dann nacheinander die Ecken aufzuklappen und dabei beispielsweise zu sagen: "Ich, Daniela, bin freundlich, ich, Daniela bin hilfsbereit" usw.

"Und ihr sollt unbedingt darauf achten, wie es euch in diesen Momenten geht, also wenn ihr jetzt noch so dasitzt bis zu dem Moment, wo ihr euch meldet, aufklappt, vorlest, dieses aus eurem eigenen Mund hört und euch dann wieder setzt."

Meistens kommen in diesen Momenten, in denen ich die letzte Anweisung gebe, diese sich selbst beschwichtigenden Sicherheitsbemerkungen, wie z.B. "Da kann ja eigentlich gar nichts passieren, da stehen ja nur gute Sachen drin" usw., aber Angst haben sie doch und nicht zu knapp, sie werden es später zugeben.

Ich versichere ihnen auch, dass keiner gezwungen wird, seinen Zettel öffentlich vorzulesen. Wer sich noch nicht so richtig traut, darf den Zettel behalten und später heimlich nachlesen. Ich benutze auch mal die 'Notlüge', es sei eigentlich normal, sich nicht zu trauen, die meisten SchülerInnen täten dies nicht, und es würde ja auch schon reichen, wenn es wenigstens ein paar wagen würden. Und dann trauen sich fast alle nacheinander, sehr zögerlich zwar, aber wenn die ersten von ihren Erfahrungen berichtet haben, bekommen die anderen immer mehr Mut.

Und die geschilderten Erlebnisse sind immer sehr ähnlich: "Zuerst hatte ich ziemlich viel Angst und kurz vor dem Vorlesen stieg die Angst noch weiter, aber als ich es dann hinter mir hatte, war es irgendwie ein tolles Erlebnis, es ist richtig schön, mal soviel gute Sachen über sich selbst gesagt zu bekommen, ich wusste ja gar nicht, dass ihr das an mir gut findet, und ich dachte immer, niemand würde das von mir merken oder ihr würdet das nicht gut an mir finden." (usw.)

Das Loben - und das Gelobtwerden vor allen - ist offenbar etwas, das die Kinder erst mal kaum können, das aber zu ihren Bedürfnissen gehört, weil es ihnen dadurch einfach viel besser geht, auch und gerade innerhalb der Klasse.

Nun ist die oben beschriebene Übung nicht der einzige Weg, auf dem wir diese Schwäche miteinander angehen. Übungen haben im gesamten Unterrichtsgeschehen einen Sonderstatus. Das meiste spielt sich im zwischenmenschlichen Bereich während des normalen Unterrichts ab.

Ich lobe häufig und erreiche auch unter Zuhilfenahme von bestimmten Übungen, dass sie sich früher oder später oft gegenseitig loben und das Gelobtwerden auch aushalten können, ja immer besser finden, vor allem, wenn es aus der Klasse kommt.

Ich habe im Verlauf der üblichen vier Jahre immer wieder festgestellt, dass die 'normale' gegenseitige Anmacherei immer seltener zu bemerken ist, und dass belästigte SchülerInnen sofort Unterstützung aus der Klasse bekommen und der Aggressor sich dann rechtfertigen muss.

Es kommt immer seltener vor, dass Einzelne alle anderen gegen sich haben, aber auch dies muss manchmal sein, und wir üben es miteinander.

5.4. Vertrauen lernen

Wir machen manchmal eine Übung dazu, die 'Fotoapparat' heißt. Sie findet in der Regel im Biologieunterricht während der Unterrichtseinheit *Die Sinne des Menschen* statt. Dazu finden sich die Kinder zu Zweiergruppen zusammen, wenn es mal nicht aufgeht, mache ich mit. Dann muss ein Kind (der Fotoapparat) die Augen schließen, und sich von dem Partner (der Fotograf) durch die Gegend führen lassen. Durch den Klassenraum, durch die Tür, über den Flur, auch mal über eine Treppe, in ganz unbekannte Gegenden des Schulgebäudes und dann wieder zurück. Auf dem Weg macht der Fotograf ein paar Schnappschüsse mit seinem Fotoapparat, indem er bei interessanten Motiven auf den Auslöser drückt, das heißt mit seinen Händen kurz die Schultern des Partners drückt, wobei dieser seine Augen für einen kurzen

Moment öffnet und schließt, und sich das fotografierte Bild merkt. Der Partner mit den geöffneten Augen muss die ganze Zeit dafür sorgen, dass die ihm anvertraute Person sich sicher fühlt und immer weniger Angst hat. Außerdem weiß er ja, dass nachher die Rollen getauscht werden, und wenn er behutsam mit seinem 'Fotoapparat' umgeht, wird dieser das nachher mit ihm sicherlich auch tun. Alle Paare tappen vorsichtig durch das Schulgebäude, und an allen gefährlichen Stellen schützen die 'Sehenden' hingebungsvoll ihre 'Nichtseher' durch stützende Hände und vorsichtiges Platzieren der Füße auf Treppenstufen, weil sie nämlich während der Übung nicht miteinander sprechen dürfen, man redet ja auch nicht mit einem Fotoapparat!

Ist eine Zweiergruppe fertig, darf sie sich ausruhen, um sich gegenseitig die gemachten Schnappschüsse zu beschreiben, um die gemeinsamen Erfahrungen auszutauschen und um sich mitzuteilen, wie sie sich dabei gefühlt haben. In diesen Zweiergesprächen können sie sich erst mal an die 'Fotos' erinnern, weil das ein bisschen leichter geht, als gleich zu sagen, wie es einem innerlich ergangen ist.
Erst wenn alle damit fertig sind, treffen wir uns wieder im Klassenraum, und es passiert dabei oft, dass die zwei, die gerade miteinander versucht haben, ihre Angst abzubauen, sich nebeneinander setzen und dies beibehalten wollen.

Dann frage ich, ob jemand mal der Klasse von seinen Erfahrungen erzählen möchte - und viele möchten. Erst war große Angst da, berichten sie, man weiß nicht, wo man gerade ist, man könnte irgendwo gegen stoßen, sich wehtun, hinfallen, dann wird die Angst ein bisschen kleiner und man achtet auf andere Sinneseindrücke. Man hört, riecht und tastet ganz anders, man fühlt deutlicher, achtet auch schon mal auf einen Luftzug, nimmt Geräusche deutlicher wahr, kann sie aber nicht so gut orten. Und irgendwann ist da dieses Gefühl, dass man sich auf den Partner richtig verlassen kann.

Diese Übung setze ich immer im Biologieunterricht ein, wenn es laut Lehrplan um die Sinne des Menschen geht und ich die SchülerInnen mit der schwer zu beantwortenden Frage konfrontiere: „Welches ist wohl der wichtigste Sinn des Menschen und auf welchen könntet ihr am ehesten verzichten, wenn ihr euch das aussuchen könntet?"
Dabei kommen wir in der Diskussion und den geäußerten Annahmen immer zu dem Punkt, bei dem ich vorschlage: „Lasst uns doch mal einen der Sinne ausschalten und sehen, wie es uns damit geht."
Danach erkläre ich das Spiel „Fotoapparat" und los geht es. Dies ist wieder mal eine längere Unterrichtsphase, die nicht im dafür vorgesehenen Unterrichtsraum stattfindet.

Übrigens: Es lockert den üblichen, etwas verkrusteten Schulalltag, deutlich merkbar auf, wenn irgendwo mitten im Unterricht jemand an die Tür klopft, und ein schweigender Schüler einen anderen Schüler, der die Augen geschlossen hat, durch den Unterrichtsraum führt.

5.5. Lernen lernen

Sehen, hören, tasten, lesen

Es gibt eine sehr interessante und aufschlussreiche Übung um herauszufinden, auf welcher Ebene man bevorzugt lernt: Mit den Augen, also sehend, mit den Ohren, also hörend, haptisch oder lesend.

Das funktioniert als Partner- oder Gruppenarbeit: Eine Reihe von 20 einfachen Gegenständen wird vor einer Testperson ausgebreitet und nach einer kurzen Zeit mit einer Decke zugedeckt. Die Testperson muss nun aus dem Gedächtnis versuchen, so viele Gegenstände wie möglich aus dieser 20er-Reihe zu benennen. Die Anzahl wird notiert. Danach wird eine andere 20er-Reihe ausgebreitet, während die Testperson mit verbundenen Augen davor sitzt, und diese Gegenstände dann ertastet. Die korrekt erkannte Anzahl der Gegenstände wird wieder notiert.

Die dritte Variante nennt der augenverbundenen Testperson die zwanzig Gegenstände, d.h. sie werden nur per Sprache gehört, usw. ...

Das Ergebnis innerhalb einer Lerngruppe ist schon interessant für die teilnehmenden Schüler/innen, die dann auch von mir darauf hingewiesen werden, dass sie zukünftig besser lernen würden, wenn sie sich an ihre individuelle Lernebene halten könnten.

Der Wahlpflichtunterricht als pädagogische Nische

An meiner Gesamtschule gab es zusätzlich zu den klassischen Schulfächern zwei Wahlpflichtfächer mit je vier oder drei Stunden pro Woche. Der Name Wahlpflicht bedeutete, dass die SchülerInnen am Wahlpflichtunterricht teilnehmen mussten, sich jedoch die Fächer aussuchen durften. Das Fächerangebot der Wahlpflichtkurse hing vom Angebot der Schule ab, aber in der Regel wurden die meisten im klassischen Fächerkanon vorhandenen Fächer auch zusätzlich im Wahlpflichtbereich angeboten. Ein Schüler konnte also im Pflichtunterricht vier Stunden Biologie pro Woche haben und zusätzlich vier Stunden Wahlpflichtunterricht Wahl A Naturwissenschaften, Schwerpunkt Biologie und dann noch drei Stunden Wahlpflicht-unterricht Wahl B, Schwerpunkt ebenfalls Biologie. Das wären im Extremfall elf Stunden Biologie pro Woche.

Die Wahl erfolgte zu Beginn eines Schuljahres an Hand eines Wahlpflichtkatalogs, in dem nähere Angaben zum Angebot der Fächer und der Kurslehrer nachzulesen waren.

Die SchülerInnen wurden dazu vorher von ihren LehrerInnen und Eltern beraten und mussten dann überlegen, ob sie die Kurse nach ihren persönlichen Interessen wählten, aus zensurentaktischen Gründen oder nach den Lehrkräften, die die Kurse anboten.

Da die Rahmenrichtlinien für den Wahlpflichtunterricht sehr allgemein gehalten waren, hatten wir somit ein weites Feld für Interpretationen – im Grunde konnte man die Themenschwerpunkte nach eigenen Neigungen und Interessen und nach den Interessen der SchülerInnen setzen.
Ich hatte endlich einen Zeitrahmen zur Verfügung, den ich ohne Rücksichtnahme auf andere Kurse (es wurden keine parallelen Arbeiten geschrieben) füllen konnte.
Ich konnte mit den SchülerInnen ausgewählte Themen gründlich erarbeiten und hatte ausreichend Zeit, die gruppendynamischen Prozesse

der Lerngruppe zuzulassen und gegebenenfalls zu steuern.
Ich konnte die Kreativität und den Umgang mit Gefühlen stärker fördern und fordern und hatte dafür vier Jahre zur Verfügung.

Da der Wahlpflichtkurs mit *Naturwissenschaft* betitelt war, wanderten wir mit unseren Themen auch oft zur Physik und zur Chemie.
Die SchülerInnen lernten dabei über längere Zeit Feldarbeiten außerhalb des Schulgebäudes, wenn wir gründlichere Untersuchungen zum Thema Wald machten, oder sie besuchten regelmäßig ihre „Heimatgewässer", also Teiche, Bäche oder Flüsse in ihrer Wohngegend, um die Wasserqualität zu untersuchen und Wasserproben mit in den Unterricht zu bringen, die vom gesamten Kurs genau analysiert wurden.
Dabei wurde auch Plankton mikroskopiert und bestimmt, und sie mussten kunstvolle Zeichnungen von Einzellern und Algen anfertigen.
Ich hatte dabei wieder mal eine kleine Idee zum Anreiz in die Tat umgesetzt und ihnen verkündet: „Wer von euch als erster einen Volvox findet, bekommt 15 Punkte!"
Die Zeichnungen haben wir auf OH-Folien kopiert und in langwieriger, aber wieder ganz anderer und interessanter Arbeitsphase über längere Zeiträume riesengroß auf eine Wand im Fachbereich Naturwissenschaften übertragen und mit deutschen und lateinischen Namen beschriftet.

In späteren Jahrgängen ging es um Erdgeschichte und Evolution, das als Thema zwar im regulären Rahmenplan für den Biologie Pflichtunterricht vorgesehen war, aber als Anschluss an die Genetik nie so richtig zu schaffen gewesen ist. Hier hatte ich ausreichend Zeit.

Die SchülerInnen erarbeiteten erst mal einen Überblick über die Erdgeschichte von der Entstehung vor ca. 4,5 Milliarden Jahren bis heute und entschieden sich dann in Zweier/Dreiergruppen für ein bestimmtes Erdzeitalter, das sie genauer untersuchen sollten.

Parallel dazu entwickelten wir einen Zeitstrahl auf einer weiteren Wand des Schulgebäudes im Fachbereich Naturwissenschaften, der oben an der Wand die Jahreszahlen anzeigte und darunter die dazugehörigen Erdzeitalter.

Die zuzuordnenden Pflanzen und Tieren anhand fossiler Funde, zu denen sie verwertbare Bilder aus dem Internet und mit Hilfe der Schulbibliothek auf Folien kopierten oder auch schon mal aus freier Hand zeichneten, wurden auf diese Wand übertragen.

Zum Schluss stand immer eine Fachgruppe (z.B. „Tertiär") vor ihrem Abschnitt des Wandbildes und referierte alles ihrer Meinung nach Wissenswerte über eben dieses Erdzeitalter unter Miteinbeziehung der Bilder auf der Wand.

Das dauerte ein halbes Jahr und wurde vermutlich durch den Wechsel von Malen, Lesen, Internetrecherche und zum Schluss der Anwendung freier Rede im Team nicht langweilig.

Der handwerkliche Einsatz der SchülerInnen ist mir dabei immer wichtig gewesen und bildete einen guten Ausgleich zu dem sonst oft verkopften Unterricht.

Manchmal ergaben sich ziemlich schweißtreibende Tätigkeiten, z.b. als wir mit einem Wahlpflichtkurs einen Schulteich im Atrium anlegten.

Nach der Genehmigung der Schulleitung und der theoretischen Erarbeitung des Prinzips Teichbau begannen die Ausschachtarbeiten und die sinnvolle Entsorgung des Aushubs in den Schulgarten.

Weil der Teich später auch dem Biologieunterricht der Schule dienen sollte, musste er durch einheimische Pflanzen und Tiere besetzt werden, die dort ohne ständige Pflege - lange Ferien - ein funktionierendes Kleinstbiotop bilden sollten.

Um das Durchfrieren bis zum Teichgrund im Winter zu verhindern, musste der Teich eine tiefe Stelle von 180 cm haben. Der längste Schüler des Kurses war damals ein Felix Ellermann, der deshalb als Maßeinheit diente und immer wieder zu der tiefsten Stelle während der Grabereien beordert wurde um zu sehen, ob seine Kopfoberseite endlich mit dem Teichrand eine waagerechte Linie bilden konnte.

Diese Teichstelle heißt deshalb seit diesen Tagen die *Ellermann-Tiefe*.

Aktuelle Mängelbetrachtung

Ein Ergebnis der Kommunikationsforschung sollte zu denken geben:

Wenn wir das, was wir lernen, als 100% annehmen, dann lernen wir nur 25% auf der kognitiven und 75% auf der affektiven Ebene.

Wenn wir im Unterricht und sonst wo nur bewusst die 25% bedienen, dann geschehen die restlichen 75% unbewusst und ungesteuert. Die Klassen lernen über ihre Erfahrungen mit sich und uns, denn unsere 75%, unsere Persönlichkeitsmerkmale, sind selbstverständlich immer vorhanden und finden statt, weil man nicht nicht erziehen oder nicht beeinflussen kann (von wegen *'sachlich/objektiver Unterricht im Sinne reiner Wissensvermittlung'*).
Das bedeutet: **Ich lehre, was ich bin.**

Und zwar ziemlich unabhängig vom Unterrichtsstoff und ob ich mein Lehrziel erreicht habe oder nicht.

Daraus ergibt sich zwingend:
Wenn ich mit dem, was ich bin, nicht für den Schuldienst geeignet bin, sollte ich nicht unterrichten dürfen.

Dieses ist aber nie Gegenstand von Beurteilung während des Studiums oder des Examens; nur die SchülerInnen wissen darüber sehr schnell Bescheid.

Ich weiß, dass man ein 'kognitives' Fach bewusst affektiv unterrichten kann, und ich habe erlebt, wie viel Spaß das allen Beteiligten gemacht hat, obwohl die abfragbaren Lernziele am Ende auch alle erreicht worden sind – vielleicht sogar noch ein paar mehr als ursprünglich geplant.

In den Medien zum Thema Schulmisere finden sich allerdings keine Hinweise, die auch mit dem Inhalt dieses Buches im Zusammenhang stehen. Es geht stattdessen immer nur um „Äußerlichkeiten": Lehrermangel, Schulgebäudemangel, Internetversorgung usw.

Immer wieder – an allen Ecken und Enden – der Denkfehler der entscheidungsbefugten Gremien: Der Kampf gilt fast ausschließlich den auftretenden Symptomen und den dazugehörigen Personen. An den Ursachen wird nicht gerüttelt! Das heißt, die Gesellschaft sorgt durch ihre Erziehungsdefizite für permanenten Nachschub von rechtsextremistischen Weltbildern, Amokläufen, Gewalttaten und verbaler Gewalt in öffentlichen Medien, schlechten Schulabschlüsse usw.
Investiert wird in Schulbauten, mehr Lehrkräften mit der inzwischen nicht mehr ausreichenden

Qualifikation, und in umfangreiche, digitale Vernetzung.

Aber:
Ein empathiefähiges Kind steigert sein Selbstwertgefühl und es kann sich dadurch freier entfalten, was sich wiederum auf seine Lernfähigkeit auswirkt.

Zur Vermittlung dieser Fähigkeit an Schulkinder siehe Kanadisches Unterrichtsprogramm *„Roots of Empathy".*

Schüler/innen, die freiwillig anderen bei den Hausaufgaben geholfen haben, haben zwei Jahre später besser Noten erhalten als die, die nur ihre eigenen Hausaufgaben gemacht haben. Eine Studie von 2010 zeigte, dass amerikanische Jugendliche 40 % weniger Empathiefähigkeit besaßen als z.B. die Jugendlichen in den 80er und 90er Jahren. Zurückgeführt wird das von vielen Forschern auf die stärkere Bildschirmnutzung auf Kosten der zwischenmenschlichen Kommunikation.

Resilienz, Selbstwertgefühl und kreative Fähigkeiten sollte bei unseren Schüler/innen gefördert werden.

Die Schulpolitik kümmert sich stattdessen fast nur um das äußere „Gerüst" Schule:

- 50 Milliarden sollen in die Internetstruktur investiert werden.
- Schulbauten werden saniert.
- Die benötigte Anzahl an Lehrkräften wird durch Seiteneinsteiger aufgestockt.
- Berlin ist z.Zt. das einzige Bundesland, das Lehrkräfte nicht mehr verbeamtet. Diese inhaltlich vielleicht richtige Überlegung geht „nach hinten los", weil viele Lehramtsanwärter/innen zunächst in ein anderes Bundesland ausweichen, um dort verbeamtet zu werden. Verwaltungstechnisch war dies ein Signal in die vielleicht richtige Richtung, aber eine unkluge Entscheidung. Besser wäre eine Übereinkunft der Länder auf Bundesebene.

Die fast einzigen Reaktionen unserer politischen Entscheidungsgremien sind die auf Symptome, nicht auf Ursachen:
- Mehr Polizei gegen Gewalt
- Forderungen nach mehr Aufklärung auf der Wissensschiene
- Gesetzesänderungen
- Warnungen auf Zigarettenpackungen

Aber:
Hat jemand z.B. erfahren, dass er durch Negatives zumindest Aufmerksamkeit erregt – auch wenn danach Strafe folgt – wird er, um wenigstens mal gesehen zu werden, zukünftig wieder Negatives zeigen. Sonst wäre er ja ein Nichts, das niemand beachtet!

-> Keine Bindungsfähigkeit erworben, keine positiven Bindungserfahrungen gemacht, immer auf der Suche nach einer Familie, nach einem Daheim.
Solche sogenannten Intensivtäter müssen erst eine Beziehungsfähigkeit, eine Bindungsfähigkeit erlernen.

Die entscheidungsbefugten Personen in unserem Land – wenn sie sich denn zum Thema Gegenmaßnahmen gegen Gewalt, Rechtsextremismus usw. äußern – gehen immer von beratenden und regulierenden Maßnahmen aus, d.h. wenn die Symptome auftreten, werden sie bekämpft. Gesetze werden erlassen und als Präventionsmaßnahmen angewendet.
Prophylaxe bezieht sich auch fast immer auf beratende Tätigkeiten, d.h. damit keine Symptome auftreten, werden vorbeugend Informationen weitergegeben (über die Gefahr von Drogenkonsum oder die Verbrechen der Nazizeit).
Dass die Aufklärung über die Wissensebene in der erwarteten Richtung gar nichts bewirkt und stattdessen die affektive Ebene trainiert werden sollte, ist den meisten Verantwortlichen nicht klar.
Diese fatale Hilflosigkeit der eigentlich zuständigen Entscheidungsgremien mündet dann vielfach in zwar löbliche Absichten, die Schule und ihre Verbesserung zu unterstützen, hat aber ausschließlich finanzielle Unterstützung vom Bau neuer Schulgebäude, Versorgung der Schulausstat-

tung mit schnellem Internetanschluss und entsprechender Ausrüstung, und vielleicht die Erhöhung der Anzahl der Lehrkräfte.

Das Problem Zunahme von Aggressivität und Gewalt, rechtsextremistische Gesinnung, Terrorismus und Amokläufe, Anstieg des Drogenkonsums und geringer werdende Qualifikationen von Schulabgänger/innen, werden davon in keiner Weise angegangen!

Funktionierenden kann die Erziehungswende nur dann, wenn die in der Erziehung tätigen Menschen von der Krippe über den Kindergarten, die Vorschule und die Grundschule bis zur Oberschule dafür geschult werden, und auch lange mit ihren jeweiligen Bezugsgruppen zusammenbleiben. Das Empathietraining z.b. beginnt schon in der frühesten Kindheit, und wenn alle erziehenden Bezugspersonen an einem Strang ziehen, kann es die gegenwärtig unerfreuliche Tendenz verhindern.

Kurzzusammenfassung/Forderung

Eine Zunahme von Gewalt und Hass ist inzwischen in unserem Land deutlich spürbar. Ursache dafür ist im wesentlichen mangelnde Erziehung in den Familien, die dazu führt, dass Empathiefähigkeit, Resilienz, ein gutes Selbstwertgefühl, keine Angst vor Fremdem usw. kaum noch erworben werden. Im Gegensatz zu vergangenen Jahrzehnten dient das Internet inzwischen als Verstärker und Weg zur Gruppenbildung bisher meist isolierter Individuen.

Aufklärung – die einzige Reaktion entscheidungsbefugter Gremien – ist eine überwiegend untaugliche Maßnahme.

Es ist schon erstaunlich, dass es in unserem Land trotz gegenteiliger Studienergebnisse immer noch die vorherrschende Vorstellung gibt, dass menschliche Entwicklung primär über Aufklärung und Wissen passiert.

Gegenmaßnahmen können nur in der zukünftig wieder erfolgreich angewendeten Erziehung der Kinder und Jugendlichen liegen. Da die Familien dazu oft nicht mehr imstande sind, bleibt als einzig erfolgversprechende Institution nur noch die Schule.

Das Lehramtsstudium muss deshalb drei Ziele haben:

1. Numerus clausus bei Lehrkräften, um geeignete Spezialisten für Erziehung und Wissensvermitllung herauszufinden

2. Erziehungstraining

3. Didaktik (wie bisher)

Danke an

Beate Sichelschmidt für Mutmachungen

Horst Kayling für Lektorentätigkeit

Peter Butschkow für Layout-Tipps

Der Autor Klaus Dreymann wurde 1945 in Berlin geboren und besuchte als Schüler fünf verschiedene Schulen wg. häufigen Umzugs der Familie. Nach dem Abitur im Jahr 1965 studierte er mehrere Semester Jura an der FU Berlin, um dann 1968 zu wechseln und das Lehramtsstudium aufzunehmen. Er studierte zwei Schulfächer – Englisch und Theorie & Praxis der mittleren Schulstufe, letzteres am Beispiel der Schulfächer Erdkunde, Geschichte und Sozialkunde, welche er dann während seiner gesamten Schulzeit an einer Gesamtschule als Fach Gesellschaftskunde unterrichtete. Seine Schultätigkeit begann 1974 an einer Gesamtschule im Bezirk Spandau, einer Schule mit ca. 1300 Schüler/innen und um die 100 Lehrkräfte. Schon bald wurde er von den Schüler/innen zum Vertrauenslehrer gewählt. Wg. zunehmenden Drogenkonsums in Berlin wurden an den Schulen sogenannte Drogenkontaktlehrer innerhalb der jeweiligen Kollegien installiert. Besonders qualifizierte Lehr-kräfte wurden dann für den Einsatz in der Lehrer/innenausbildung als Fachseminarleiter/in nen für Suchtprophylaxe ausgebildet. Klaus Dreymann war einer der ersten, die diese zusätzliche Ausbildung absolvierten. Anhand diverser Studien der damaligen Zeit war ziemlich schnell klar, dass es beim Thema Suchtprophylaxe kaum um Wissensvermittlung und Aufklärung bei den möglichen Suchtaspiranten geht, sondern um positive Beeinflussung und Stärkung der Persönlichkeit, damit diese einen Drogenkon-

sum nicht nötig haben – Stichwort Selbstwertgefühl. Von 1974 – 2011 war Klaus Dreymann als
Kerngruppenleiter, Vertrauenslehrer und Kontakt-
lehrer für Suchtprophylaxe an der Gesamtschule
im Dienst. Mehrere Jahre in dieser Zeit auch als
Fachseminarleiter in der Lehrer/in-nenausbildung.